Jan Reßmeyer

Web 2.0 am Beispiel von Wikipedia

GRIN Verlag

Bibliografische Information der Deutschen Nationalbibliothek:

Die Deutsche Bibliothek verzeichnet diese Publikation in der Deutschen National-
bibliografie; detaillierte bibliografische Daten sind im Internet über http://dnb.d-
nb.de/ abrufbar.

Impressum:

Copyright © 2006 GRIN Verlag GmbH
Druck und Bindung: Books on Demand GmbH, Norderstedt Germany
ISBN: 978-3-656-56144-6

Dieses Buch bei GRIN:

http://www.grin.com/de/e-book/64269/web-2-0-am-beispiel-von-wikipedia

GRIN - Your knowledge has value

Der GRIN Verlag publiziert seit 1998 wissenschaftliche Arbeiten von Studenten, Hochschullehrern und anderen Akademikern als eBook und gedrucktes Buch. Die Verlagswebsite www.grin.com ist die ideale Plattform zur Veröffentlichung von Hausarbeiten, Abschlussarbeiten, wissenschaftlichen Aufsätzen, Dissertationen und Fachbüchern.

Besuchen Sie uns im Internet:

http://www.grin.com/

http://www.facebook.com/grincom

http://www.twitter.com/grin_com

Leibniz-Akademie Hannover
Wirtschaftsinformatik (BA)
E-Commerce

Hausarbeit

im Rahmen des E-Commerce im SS 2006

Web 2.0 am Beispiel von Wikipedia

Jan-Friedrich Ressmeyer

Abgabedatum: 04.09.2006

Inhaltsverzeichnis

Abbildungsverzeichnis

Abkürzungsverzeichnis

AJAX	Asynchronous Javascript and Extensible Markup Language
CERN	Conseil Européen pour la Recherche Nucléaire
c't	Computer Technik
CMS	Content Management System
CSS	Cascading Style Sheets
DOM	Document Objekt Model
FTP	File Transfer Protocol
HTML	Hypertext Markup Language
HTTP	Hypertext Transfer Protocol
IPTV	Internet Protocol Television
PC	Personal Computer
RSS	Really Simple Syndication
VoIP	Voice over Internet Protocol
WWW	World Wide Web
XHTML	Extensible Hypertext Markup Language
XML	Extensible Markup Language
XSLT	Extensible Stylesheet Language Transformation

1 Einleitung

Am Ende das Jahres 2004 ist im Internet der Begriff Web 2.0 aufgetaucht. Seitdem sind zahlreiche Artikel über dieses Thema im Internet erschienen. Besonders in Webblogs, Websiten mit persönlichen Einträgen in Form eines Tagesbuches, wird der Begriff häufig diskutiert und es werden verschiedene Ansichten veröffentlicht.

Diese Art von Euphorie war Anlass über das Thema Web 2.0 die vorliegende Hausarbeit zu schreiben. In der Hausarbeit soll geklärt werden, wie dieser Begriff entstanden ist und wie er sich entwickelt hat. Dazu soll ein Überblick über die verschiedenen Ansichten des Begriffes Web 2.0 gegeben werden, damit der Leser sich einen Gesamteindruck über die momentanen Diskussionen im Internet machen kann. Die Hausarbeit soll eine breiten Einblick in das Thema Web 2.0 liefern, deshalb werden sowohl die technischen als auch die sozialen Aspekte des Thema herausgearbeitet.

Der Schwerpunkt dieser Arbeit soll auf der Partizipation der Benutzer des Internets erfolgen. Es soll ergründet werden, worauf dieses Prinzip der Partizipation beruht. Als Beispiel wurde hierfür die Online Enzyklopädie Wikipedia ausgewählt. Anhand dieses Projekts soll eine Beurteilung des Themas erfolgen. Dazu müssen zuvor bestimmte Grundlagen, wie die Funktionsweise eines Wikis und der so genannte Netzwerkeffekt, erklärt werden. Diese Beurteilung soll mit einem Ausblick auf die Entwicklung des Web 2.0 und der Wikipedia abgeschlossen werden.

2 Grundlagen

2.1 Grundgedanke des World Wide Web

Der Erfinder des World Wide Web (WWW) ist der Brite Tim Berners-Lee, der 1989 dem Conseil Européen pour la Recherche Nucléaire (CERN) Labor[1] nahe Genf das Papier „Information Management: A Proposal" einreichte.[2] Welche grundsätzlichen Überlegungen hatte er in diesem Antrag?

Mit den Grundlagen früherer Arbeiten an einfachen Hypertext-Systemen hatte Tim Berners Lee ein dezentrales Netz zur Informationsorganisation vor Augen. Nach der Genehmigung seines Antrages entstand der erste Browser namens „WorldWideWeb". Er basierte auf einem Standard zur Formatierung von Seiten, der Hypertext Markup Language (HTML) und einem Übertragungsprotokoll, das Hypertext Transfer Protocol (HTTP). Diese Standards erlauben die Übertragung und Darstellung von Webseiten mit Hilfe der Infrastruktur des Internets.[3]

Seine grundsätzliche Idee war, dass jeder Benutzer zugleich Konsument und Produzent des Internets sein soll. Er soll sowohl Informationen abrufen sowie selbstständig Inhalte anbieten können. Tim Berners Lee bemerkt in einem Interview: „Ich habe mir das Web immer als kreativeres, flexibleres Medium vorgestellt, mit Randnotizen auf Webseiten und Gruppen-Editoren."[4]

Die Wirklichkeit sah in den ersten zehn Jahren des WWW jedoch anders aus: Das WWW wurde ausschließlich von Hochschulen und Computerspezialisten genutzt und konnte sich zunächst nicht in der breiten Öffentlichkeit mit den angedachten Funktionen durchsetzen. Die Technologie war zu komplex. Es wird eigener Webspace benötigt, ein Zugang zum Internet und die erforderlichen Fachkenntnisse, wie die Markup-Sprache HTML. Der Masseneinstieg der Bevölkerung als Produzenten blieb ein Wunschtraum. Der Grundgedanke des WWW von Tim Berners Lee, in dem jeder Konsument von Informationen auch gleichzeitig Produzent ist, konnte zunächst nicht verwirklicht werden.

Tim Berners-Lee ist sich sicher: „Wenn wir es schaffen, im Hyperspace eine Struktur zu produzieren, die uns eine harmonische Zusammenarbeit erlaubt, würde dies zu einer Metamorphose führen. Auch wenn dies, wie ich hoffe, schrittweise geschieht, würde es in einer immensen Neustrukturierung der Gesellschaft resultieren."[5]

---

[1] Europäische Organisation für Kernforschung.
[2] Vgl. Berners-Lee, T. (1989), http://www.w3.org/History/1989/proposal.html.
[3] Vgl. Möller, E. (2005), S. 35f.
[4] Vgl. Frauenfelder, M. / Berner-Lee, T.(2004), http://www.technologyreview.com/read_article.aspx?id= 13784\&ch=infotech.
[5] Berners-Lee, T. / Fischetti, M. (1999), S. 300f.

2.2 Definition Wiki

„Ein Wiki ist eine webbasierte Software, die es allen Betrachtern einer Seite erlaubt, den Inhalt zu ändern, indem sie diese Seite online im Browser editieren. Damit ist das Wiki eine einfache und leicht zu bedienende Plattform für kooperatives Arbeiten an Texten und Hypertexten."[6] Es entwickelt sich eine Gruppe von Autoren, die eine „n zu n" Kommunikation ermöglicht. Hervorzuheben ist hierbei, dass alle HTML-Seiten durch Hyperlinks miteinander verbunden sind.

Am 16. März 1995 begann die dokumentierte Geschichte der Wikis (auch Wiki Wiki, WikiWeb) mit einer E-Mail von Ward Cunningham. Der Software-Designer erklärte, dass es möglich ist auf seinem Web-Server mittels Datenbank und cgi-bin-Skript ohne HTML-Kenntnisse mit Formularen Text zu verändern.[7] Das erste Wiki war geboren. „Wikiwiki" ist hawaiianisch und bedeutet „schnell". Es soll die Einfachheit des Editierens der Wikis hervorheben.[8] Die Wiki-Technik ermöglicht es prinzipiell jedem ohne HTML-Kenntnisse, File Transfer Protokol (FTP)Zugang oder eigenem Webspace, Seiten komplett zu bearbeiten und durch Verlinkung maßgeblich an der Struktur mitzuarbeiten. Die technischen Hürden wurden auf ein Minimum reduziert, so dass es noch nie so leicht war im Internet zum Produzent zu werden.[9] Es müssen sich keine Gedanken über den Speicherort, beziehungsweise (bzw.) über die Datenübertragung gemacht werden. Grundsätzlich ergeben sich zwei verschiedene Einsatzmöglichkeiten für Wikis: Entweder richtet sich das Wiki an eine geschlossene Arbeitsgruppe, wie Expertendiskussionsforen, oder potenziell an alle über das WWW .[10] Je nach Anforderung kann jeder sein Wiki einrichten, so dass es diese mittlerweile zu allen erdenklichen Themen Wikis gibt.

Bei den Wikis rücken die sozialen Prozesse immer mehr in den Vordergrund. Interessant an Wikis ist nicht so sehr die Technik, sondern mehr die „Wiki-Philosophie" und die Debatten um gesellschaftliche Perspektiven, die an deren Nutzung geknüpft werden.[11] Es wird mehr über die Gruppendynamik und die Qualität der Beiträge diskutiert als über die Technik.

2.3 Phänomene

2.3.1 Entwicklung technologischer Neuheiten

Bei der Entwicklung technologischer Neuheiten haben sich in der Vergangenheit Gemeinsamkeiten herauskristallisiert. Zunächst werden zu Beginn der Technologieeinführung die Interessen für die Technologie geweckt. Die Aufmerksamkeit der Internetbenutzer wird

---

[6]Ebersbach, A. / Glaser, M. / Heigl, R. (2005), S. 10.
[7]Vgl. Möller, E. (2005), S. 170.
[8]Vgl. Cunningham, W. / Leuf, B. (2001), S. 14.
[9]Vgl. Ebersbach, A. / Glaser, M. / Heigl, R. (2005), S. 9.
[10]Vgl. Cunningham, W. / Leuf, B. (2001), S. 18f.
[11]Vgl. Ebersbach, A. / Glaser, M. / Heigl, R. (2005), S. 14.

angeregt und steigt bis zu einem Höhepunkt, dem Gipfel der überzogenen Erwartungen.
Kleinere Fehler werden übersehen und so entsteht eine unrealistische Werteinschätzung,
verstärkt durch Seifenblasen vom Enthusiasmus um die Technologie.
Danach beginnt die konsequente Marktbereinigung. Nach und nach zerplatzen die Seifenblasen um die neuen Technologien. Die Technologie stürzt in ein Tal der Desillusionierung
und Ernüchterung. Die Blender und Angeber werden vor die Tür gesetzt und die wahre
Stärke kommt zum Vorschein.[12] Durch die Nutzung der wahren Vorteile steigt die Wert-
schätzung wieder und es wird ein Plateau der Produktivität, dem wahren Nutzen.

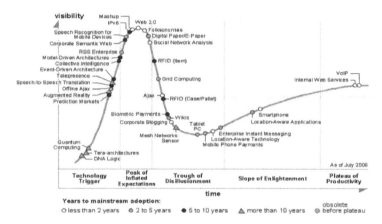

Abbildung 1: Gartner Hype Cycle for Emerging Technologies 2006

Quelle: http://www.gartner.com/it/page.jsp?id=495475

Gartners Hype Cycle for Emerging Technologies 2006[13] ist eine Momentaufnahme der aktuellen, aufkommenden IT-Entwicklungen. Diese werden von Analysten in dem Lebens-
zyklus plaziert und beurteilt, wie lange sie bis zu ihrem wahren Nutzen noch benötigen.
Gartner plaziert den Begriff Web 2.0 auf dem Höhepunkt der überzogenen Erwartungen,
der in weniger als zwei Jahren sein wahres Nutzenpotenzial ausspielen soll. Die Wiki-
Technologie befindet sich schon am Ende der Marktbereinigung in einem höheren Reife-
grad, aber die Entwicklung an sich ist langwieriger. Nach der Analyse und Einschätzung
von Gartner werden Web 2.0 Techniken wie Asynchronous Javascript and Extensible Markup Language (AJAX) und Mashups, das Kombinieren von Diensten, in weniger als zwei
Jahren im Enterprise Umfeld eingesetzt.

---

[12]Vgl.   O'Reilly,   T.   (2005a),   http://www.oreillynet.com/pub/a/oreilly/tim/news/2005/09/30/
what-is-web-20.html.
[13]Vgl. Gartner, Inc. (2006), http://www.gartner.com/it/page.jsp?id=495475.

2.3.2 Netzwerkeffekt

Der Netzwerkeffekt ist im ökonomischen Sinne ein positiver externer Effekt. Die Teilnahme einer Person an einem Netzwerk verschafft nicht nur ihr selbst Nutzen, sondern erhöht auch den Nutzen der Anderen.[14] Der Nutznießer erbringt also keine Gegenleistung. Es liegen somit Nutzerinterdependenzen vor, die Netzwerkeffekte hervorrufen. Es gibt neben dem originären Nutzen eines Gutes einen sog. derivativen Nutzen, der seinerseits von der absoluten Nutzerzahl (installierte Basis) abhängt.[15]

Der Wert des Netzes bzw. die Netzleistung (F) steigt daher mit der Zahl ihrer Nutzer (N). Metcalf´s Law beschreibt diesen Zusammenhang als quadratisch, d.h. während die Zahl der Knoten oder Verbindungen in einem Netzwerk arimetisch ansteigt, nimmt der Gesamtnutzen eines Netzwerkes exponentiell mit der Anzahl seiner Nutzer zu.[16]

$$F = \sum_{n=1}^{N}(n-1) = \frac{N(N-1)}{2}$$

Kritiker behaupten, dass Metcalfe´s Law bei der Betrachtung größerer Netze, wie das Internet, falsch sei, weil es ursprünglich für kleine LANs (Local Area Network) formuliert worden war. Bei großen Netzwerken würde eine kritische Masse erreicht werden, ab der die Nutzer nicht gegenseitig sichtbar und kontaktierbar wären.[17]

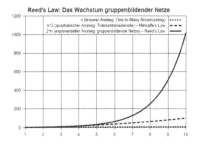

Abbildung 2: Reed´s Law

Quelle: Möller, E. (2005), S.208.

Neben Metcalf´s Law wurde von David Reed ein mathematisches Gesetz formuliert, welches besagt, dass der Wert eines gruppenbildenden Netzwerkes für die individuellen Benutzer mit ihrer Zahl (X-Achse) exponentiell steigt. Dies geschiet weitaus schneller als für klassische Broadcasting-Medien (TV) oder Transaktions-Medien (E-Mail, Telefon). Die Communities oder explizit Tauschbörsen belegen dieses Prinzip.[18]

---

[14]Haes, J. W. H. (2003), S. 113.
[15]Zerdick, A. et al. (2001), S. 157.
[16]Kelly, K. (1998), S. 39.
[17]Vgl. Simeonov, S. (2006), http://web2.sys-con.com/read/259624.htm.
[18]Vgl. Reed, D. P., http://www.reed.com/Papers/GFN/reedslaw.html.

3 Web 2.0

3.1 Vorgänger Web 1.0

Bei der Bezeichnung Web 2.0 sticht die aus der Softwareentwicklung entliehende Versionsnummer „2.0" heraus. Sie deutet auf einen neuen „Major Release" hin, folglich gibt es auch ein Web 1.0.

Das Web 1.0 steht für die traditionellen Web Anwendungen. Gemeint sind HMTL-Webseiten, die statisch von Firmen und Privatanwendern erstellt sind und die sich an eine Vielzahl potentieller Besucher richten (1 zu n Kommunikation). Diese Seiten wurden einmal erstellt und nur gelegentlich geändert. Das Web 1.0 ist ein Mittel, um die klassischen Inhaltsangebote wie Daten und Medien auf eine neue Weise zu publizieren. Eine Mitwirkung des Konsumenten ist weder vorgesehen noch möglich. Der Informationsaustauch ist unidirektional: Ein Rückkanal für die Konsumenten ist nicht vorgesehen.

Das „Web 1.0" ist demnach urspünglich eine Gesamtheit von Milliarden statischer Webseiten, die via Hyperlinks angesteuert werden.[19] Web 1.0 ist einfaches Blättern, das Verfolgen der unidirektionalen Hyperlinks.

Web 1.0 trennt private Daten, die nur lokal auf dem Heimcomputer gespeichert werden von den Daten für die Öffentlichkeit, die auf Servern gespeichert werden.

Ross Mayfield, Geschäftsführer der Firma SocialText, erklärte auf einer Web 2.0-Konferenz: „Web 1.0 war Handel. Web 2.0 ist Leute."

Gelegentlich wird auch der Begriff Web 1.5 gebraucht, der in der DotCom Zeit zwischen 1996 und 2001 enstand. Hiermit wird die Einführung von Content-Management-Systemen (CMS) und Datenbank-basierten Systemen bezeichnet, die dynamische Seiten mit aktuellen und veränderten Inhalten erzeugen. Mit dieser Technik kamen Shops oder Foren auf, in denen der Benutzer bereits eingeschränkt die Möglichkeit hatte Inhalte zu publizieren.[20]

3.2 Entstehung des Begriffes

Der Begriff Web 2.0 entstand 2004 in einem Brainstorming zwischen O´Reilly und Media-Live International. Dale Dougherty, Web-Pionier und Vizepräsident von O´Reilly, kam zu dem Schluss, dass das WWW mit dem Zerplatzen der DotCom Blase nicht etwa zusammmgebrochen ist, sondern dass es jetzt wichtiger als jemals zuvor sei. Deshalb erfand er den Namen „Web 2.0" für eine stattfindende Konferenz. Es entstehen neue Anwendungsmöglichkeiten und Firmen im WWW, die bestimmte wichtige Dinge gemeinsam haben. Diese neuen Geschäftsmodelle vergleicht er in einer Gegenüberstellung mit welchen aus der Ära Web 1.0. Er stellt zum Beispiel Britannica Online aus dem Web 1.0 die Wikipedia aus

---

[19]Vgl. Schroll, W. / Neef, W. (2006), http://www.changex.de/d_a02307.html, 23.08.2006.
[20]Vgl. Kellner, S. (2005), http://www.empulse.de/archives/2005/08/was_ist_eigentl_1.html.

dem Web 2.0 gegenüber.[21] Dieser neue Aufschwung trägt den Namen Web 2.0.[22] Heutzutage hat sich das Internet zum Allgemeingut entwickelt: Die Technik funktioniert, Digital Subscriber Line (DSL) ist weit verbreitet, die Preise sinken sowie kostengünstigere Hardware und kostenlose Open-Source-Software tragen ihren Teil dazu bei.[23] Michael Kunze von der Fachzeitschrift Computer Technik (c´t) sieht drei Katalysatoren für das Web 2.0. Als erstes nennt er die Suchmaschine Google, die den Page-Rank-Algorithmus eingeführt hat, wodurch das Setzen von Hyperlinks stark gefördert wird, um einen besseren Rank bei Suchergebnissen zu erhalten. Zudem entwickelt sich Google mit dem Kombinieren von Diensten als Vorreiter des Web 2.0.

Der zweite Katalysator ist laut Kunze die Auktionsplattform eBay. Sie hat sich das soziale Prinzip der gegenseitigen Bewertungen der Käufer und Verkäufer zur Grundlage gemacht. Es wird durch gegenseitiges Bewerten Vertrauen geschaffen.

Als dritten Katalysator des Web 2.0 nennt er Amazon. Das Prinzip wird erst auf den zweiten Blick ersichtlich. Es ist die Hit-Ökonomie wie die Top-Ten. Die Käufe und Präferenzen der Käufer beeinflussen die Entscheidungen der weiteren Käufer.[24] Durch diese Firmen würde der neue Aufschwung, den Dale Dougherty Web 2.0 taufte, beschleunigt. Es wird ersichtlich, dass sich das WWW, das in seinen Anfängen von Peer-to-Peer-Kommunikation und Communities getragen wurde, auf die Grundlagen besinnt.[25]

Der Begriff Web 2.0 weckt schnell das Interesse der Internetbenutzer, wie auf dem Graph von Google Trends[26] abzulesen ist. Die Nachfrage nach dem Begriff „Web 2.0" steigt deutlich an.

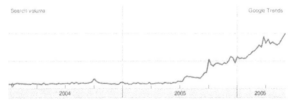

Abbildung 3: Entwicklung der Google-Suchen nach dem Begriff Web 2.0

Quelle: http://www.google.de/trends?q=Web+2.0

Diese große Nachfrage unter den Internetbenutzern ist auch ein Indiz dafür, dass sich viele Benutzer über diesen Begriff informieren wollen. Sie wollen sich ein Bild davon machen,

---

[21]siehe Anhang I.
[22]Vgl.   O´Reilly,   T.   (2005a),   http://www.oreillynet.com/pub/a/oreilly/tim/news/2005/09/30/ what-is-web-20.html.
[23]Vgl. Kunze, M. (2006) S.174.
[24]Vgl. Kunze, M. (2006) S.174.
[25]Vgl. Braun, H. / Weber, V. (2006), S. 92.
[26]Goole Trends ermöglicht dem Benutzer Entwicklungen im Suchverhalten der anderen Benutzer aufzudecken und zu visualisieren.

was wirklich dahinter steckt. Im Gartners Hype Cycle (siehe 2.3.1) befindet sich der Begriff Web 2.0 gerade auf dem Höhepunkt der Erwartungen, inklusive der Seifenblasen und unrealistischen Nutzenerwartungen. Zunächst werden die Dimensionen des Web 2.0 aufgezeigt, um daraufhin zu beurteilen, welches einen wahren Nutzen darstellt und welches eher als Seifenblase kategorisiert werden kann.

3.3 Dimensionen des Web 2.0

Tim O´Reilly definiert den Begriff Web 2.0 wie folgt:

„Web 2.0 is the network as platform, spanning all connected devices; Web 2.0 applications are those that make the most of the intrinsic advantages of that platform: delivering software as a continually-updated service that gets better the more people use it, consuming and remixing data from multiple sources, including individual users, while providing their own data and services in a form that allows remixing by others, creating network effects through an „architecture of participation", and going beyond the page metaphor of Web 1.0 to deliver rich user experiences."[27]

Der Artikel „What is Web 2.0" von Tim O´Reilly erklärt das Thema grundlegend. In einer Mindmap[28] erfasst er die Prinzipien des Web 2.0: Es gibt ein Gravitationszentrum Web 2.0, um das sich die einen Dinge näher und die anderen Dinge weiter weg befinden. Es kann um den Begriff Web 2.0 jedoch keine genaue Begrenzung gezogen werden.
Web 2.0 ist also ein Oberbegriff oder vielmehr ein Schlagwort (Buzzword) für einerseits eine Reihe neuer oder jetzt erst eingesetzter, interaktiver Technologien und Dienste des WWW sowie andererseits das geänderte Verhältnis zwischen den Nutzern und dem WWW. Deshalb regt der Begriff Web 2.0 zu vielen Diskussionen an: Die einen entlarven ihn als „metaphysischen Spuk"[29], die anderen benutzen ihn als Mode-Begriff. Da ist es verständlich, dass sich Web 2.0 Pionier O'Reilly beklagt, einige Unternehmen würden ihn bei Angeboten als Marketing Schlagwort missbrauchen, ohne sich wirklich um die tatsächliche Bedeutung bewusst zu sein. Auch Kunze von der Fachzeitschrift c´t meint, dass ein Begriff wie Web 2.0 für diesen Trend allenfalls als vorläufiges Label gelten könne, mit dem Start-Up-Unternehmen Investionswillige ködern würden.[30] Es tobt eine Debatte um den Wesenskern dieser webtechnologischen Epoche. Zahlreiche Definitionsversuche kommen selten über eine wolkige Zusammenstellung von visionären Zielbegriffen einerseits und Technikvokabeln der Webentwickler andererseits hinaus.[31]

---

[27]Vgl. O´Reilly, T. (2005b), http://radar.oreilly.com/archives/2005/10/web_20_compact_definition.html.
[28]siehe Anhang II.
[29]Carr, N. (2005), http://www.roughtype.com/archives/2005/10/the_amorality_o.php.
[30]Vgl. Kunze, M. (2006) S.174.
[31]Vgl. Schroll, W. / Neef, W. (2006), http://www.changex.de/d_a02307.html,23.08.2006.

Aus technischer Sicht betrachtet, gibt es keine wirklich neu eingeführte Technologie, die einen derartigen Wandel im WWW herbeigeführt hätte. Vielmehr handelt es sich um verschiedene Techniken, die alle samt schon länger existieren und erst jetzt besondere Aufmerksamkeit erlangen.[32] Zu diesen Techniken zählen AJAX und Abonnement-Dienste, wie Really Simple Syndication (RSS), die in Kapitel 3.5. behandelt werden.[33]

3.4 Anforderungen für Web 2.0 Bestandteile

O´Reilly und Konferenzleiter John Battelle, Mitgründer des Magazins Wired, fassten Schlüsselprinzipien zur Charakterisierung von Web 2.0 Bestandteilen zusammen:
In seiner Definition des Web 2.0 sieht O´Reilly „Das Web als Plattform". Das WWW wird eine Service Plattform: Eine Plattform für Daten und Dienste. Die herkömmlichen Desktop Anwendungen (Kalendar, Textverarbeitung) wandern ins Netz. Auf dieser Plattform sollen die Dienste als Vermittler auftreten. Die tatsächlichen Inhalte stammen meist von den Benutzern selbst. Die neue Grundlage ist die Architektur der Partizipation: Unter den Benutzern entsteht eine eingebaute Ethik der Kooperation.[34] Der passive Medienkonsument wird zum Medienproduzent, wodurch eine strukturelle Veränderung des WWW stattfindet. Ein Beispiel hierfür im Web 2.0 ist die Anziehungskraft der Videosharing-Plattform YouTube, die unglaubliche 20 Mio. Besucher pro Tag hat und wo pro Tag 65.000 neue Filme hochgeladen werden. Das alles von Benutzern selbst. Partizipation ist das neue Stichwort! Es herrscht Vertrauen in Anwender als Mitentwickler. Die frühere Trennung von Editoren und Nutzern schwindet: Benutzer stellen Beiträge auf Servern ein (z.B. bei Wikipedia). Weblogs verlagern das Private ins Öffentliche. Früher gab es noch feste Editoren, aktive Teilnehmer und Ersteller von Inhalten im WWW, die Informationen einstellen und publizieren sowie feste Leser/Benutzer, die Informationen empfangen und konsumieren. Heute ist jeder Benutzer Prosument, wie im Grundgedanke des WWW von dem Erfinder Tim Berner Lee gefordert. Deshalb müssen die Unternehmen im Web 2.0 nicht selbst für die Inhalte sorgen, sondern nur den technischen Rahmen dafür bereitstellen, wie z.B. das Unternehmen eBay erfolgreich beweist.[35]
Das typische Businessmodell des neuen Web 2.0 sieht wie folgt aus: Nicht selbst für Inhalte zu sorgen, sondern den Input der Nutzer zu strukturieren und zu veredeln. Dabei handelt es sich bestenfalls um ein sich selbst verstärkendes System: Je besser die Veredelung gelingt, desto interessanter wird der Dienst, welcher neue Nutzer und damit neuen Input anlockt, der die Qualität wiederum verbessert.[36]
Die wichtigste Datenquelle für einen erfolgreichen Web 2.0 Dienst ist dann nicht mehr das

---

[32]siehe Gartner Hype Cycle
[33]Einblick dazu im übernächsten Kapitel
[34]Vgl. O´Reilly, T. (2005a), http://www.oreillynet.com/pub/a/oreilly/tim/news/2005/09/30/what-is-web-20.html.
[35]Vgl. O´Reilly, T. (2005a), http://www.oreillynet.com/pub/a/oreilly/tim/news/2005/09/30/what-is-web-20.html.
[36]Vgl. Kunze, M. (2006) S.175.

eigene Unternehmen selbst oder externe Dienstleister, sondern die Besucher ihrer Webseite. Es muss nur eine Community aufgebaut werden, die groß genug ist. Dann schafft es ein Unternehmen mit Hilfe einer Art „kollektiver Intelligenz" der Community zu überleben. Die Masse macht den entscheidenden Unterschied zum höheren Marktanteil, weil dann die Konkurrenten den Markt als weniger attraktiv ansehen. Chris Anderson bezeichnete dies als „The long tail" in seinem gleichnamigen Buch. Dies soll die kollektive Macht der vielen kleinen Seiten im Netz ausdrücken, die den Haupbestandteil des Webs bilden. Vor allem bei Blogs und Wikis ist dieser Netzwerkeffekt der entscheidende Erfolgsfaktor.[37] „Given enough eyeballs, all bugs are shallow."[38] Es entsteht unter den Benutzern in einer Community das Gefühl der Zusammengehörigkeit. Mittels dieser Bildung von Communities kann dann ein Long Tail gebildet werden, das stärker ist als die schmale Spitze.

Im Jahr 2000 zu Zeiten des Web 1.0 gab es Double Click, die als Werbeplattform die schmale Spitze der Internetfirmen ansprachen. Im Web 2.0 zielt Google AdSense auf die breite Masse der Internetbenutzer, wo jeder seine eigene Werbung schalten.[39] Es ist also effektiver nicht nur auf die Vorhut der Web-Anwendungen und Firmen abzuzielen, sondern auf die breite Masse der Anwendungen.

Außerdem spricht O´Reilly in Bezug auf Web 2.0 von einer „Rich user Experience". Damit umschreibt er das Verhältnis zwischen Benutzer und der Website. Die Seite soll einfach zu bedienen und ergonomisch sein, damit das Benutzen der Seite ein Vergnügen für den Benutzer darstellt. Dieser soll sich die Oberflächen personalisieren und mit den eigenen Voreinstellungen dynamisch Seiten erzeugen können. Außerdem sollen die Seiten es ermöglichen, ein soziales Netzwerk aufzubauen wie z.B. bei OpenBC, einer Plattform um Geschäftsbeziehungen auszutauschen. Durch anwendungsähnliche Funktionen soll das Web zum Live Space werden: Es soll durch automatische Aktualisierungen ein Echtzeitfeeling entstehen. Es „verschwimmen im Web 2.0 die Grenzen zwischen dem Internet und dem eigenen PC."[40] Der Benutzer wird nicht mehr merken im Internet zu sein. Eine Wechselwirkung zwischen Web und Wirklichkeit.

Die strikte Trennung von lokaler und zentraler Datenhaltung ist verschwunden. Die Benutzer laden ihre Fotos in das Internet hoch wie bei Flickr. Neue Suchmaschinen[41] greifen auf lokale Daten zu. Der Desktop verwächst mit dem Netz. Der Browser rückt als universelle Oberfläche als eine Art Anwendungsclient in den Mittelpunkt."[42] Es besteht die Möglichkeit Daten von verschiedenen Quellen zu beziehen und sie in einer neuen Applikation in Form von Mashups zu vereinen. Eine Innovation durch Zusammenbau. Die Barrieren zur Wiederverwendung sind hierbei extrem gering. Ermöglicht wird diese Kombination durch

---

[37] Braun, H. / Weber, V. (2006), S. 94.
[38] Raymond, E. (2001), S.30
[39] Vgl. O´Reilly, T. (2005a), http://www.oreillynet.com/pub/a/oreilly/tim/news/2005/09/30/what-is-web-20.html.
[40] Kossel, A. / Kuri, J. (2006), S. 161.
[41] wie Google Desktop
[42] Vgl. Kossel, A. / Kuri, J. (2006), S. 162.

offene Schnittstellen, Formate und Protokolle, mit denen sich Anwendungen untereinander verständigen können."[43] Einzelne Web 2.0-Anwendungen realisieren mit Hilfe der Vernetzung ganz neue Konzepte. Die Erstellung von Software geht über die Grenzen einzelner Geräte und Verwendungszwecke hinaus. Es entsteht nichts vollkommen Neues, sondern vielmehr eine vollständige Realisierung des wahren Potentials der Web-Plattform.[44] Neue, einfache Geschäftsmodelle entstehen mit dem Prinzip Inhalte und technische Dienste von überall her zu vereinen. Es findet eine radikale Dezentralisation statt.

Insbesondere das Teilen von Informationen und das Bewerten oder Sortieren nach dem Interesse vieler Benutzer, wie bei Amazon, erweist sich als nützlich."[45] So ist es wesentlich leichter an der Informations- und Meinungsverbreitung teilzunehmen.

Ein weiterer Begriff ist das „Tagging". Es bedeutet die Verschlagwortung (Folksonomy) einer Information, eine Art kollaborativer Kategorisierung von Seiten mit frei wählbaren Keywords, oft auch als „Tags" bezeichnet. Taggen erlaubt vielseitige, häufig überlappende Assoziierung, die der Arbeitsweise des Gehirns viel näher kommt als die sture Kategorisierung".[46] Das Tagging löst das hierarchische Kategoriensystem (Taxonomy) ab.

Dies sind die neuen Prinzipien und Konzepte im Web 2.0. O´Reilly behauptet, dass Dinge, die ein Merkmal stark ausgeprägt haben, eher Bestandteil des Web 2.0 sind als die, die alle Prinzipien nur tangieren.

3.5 Technologien des Web 2.0

3.5.1 Really Simple Syndication

Die Entwicklungen der Technologien des Internets, die mit dem Begriff Web 2.0 umschrieben werden, sind vielfältig und verändern sich rasant. Ein typisches Element von Internet-Anwendungen, die dem Begriff Web 2.0 zugeordnet werden können, ist RSS. Die RSS-Technologie, übersetzt „wirklich einfache Verbreitung", ermöglicht es die Inhalte einer XML-Website zu abonnieren. Die Aggregation auf dem Desktop oder der Website erfolgt durch einen Newsreader.

Syndikations- oder Feed-Formate entstanden in den 1990er Jahren, um Inhalte zwischen Websites auszutauschen und in Portale zu integrieren.[47] Seit 1999 gibt es mehrere Versionen angefangen bei RSS 0.90. Die folgenden Versionsnummern nehmen noch Bezug aufeinander, aber die Entwicklerfirmen haben diese eigenständig und ohne auf die Kompatibilität zu achten entwickelt. Am 18.9.2002 wurde von Dave Winer der heutige Quasi-Standard RSS 2.0 herausgebracht.[48]

---

[43]Vgl. Braun, H. / Weber, V. (2006), S. 93.
[44]Vgl. O´Reilly, T. (2005a), http://www.oreillynet.com/pub/a/oreilly/tim/news/2005/09/30/what-is-web-20.html.
[45]Vgl. Kossel, A. / Kuri, J. (2006), S. 161.
[46]Vgl. O´Reilly, T. (2005a), http://www.oreillynet.com/pub/a/oreilly/tim/news/2005/09/30/what-is-web-20.html.
[47]Vgl. Wittenbrink, H. (2005), S.17.
[48]http://blogs.law.harvard.edu/tech/rss.

Die erste Form der Syndikation bestand darin, regelmäßig aktualisierte Nachrichten von einer Website, also einen Newsfeed, in eine andere Site einzubinden."[49] Heutzutage werden ebenso Audio- und Video-Inhalte mittels RSS Technik abonniert. Durch die Trennung von Inhalt und Präsentation im XML-Format wird ein Bandbreitenvorteil erziehlt, da nur die Informationen übertragen werden müssen.

Ein weiterer wichtiger Vorteil ist die einfache und eindeutige Semantik der Sprachmittel. Sie können mit dem Ziel definiert werden, über aktuelle Veränderungen einer Website zu informieren. Einem HTML-Dokument lässt sich nicht entnehmen, welche seiner h1-, h2- oder h3-Elemente die Überschriften aktuelle Informationen enthalten und wo diese Meldungen enden. In einem Syndikationsdokument kann jede dieser Meldungen zu einem Informationsobjekt werden, das einen Titel und weitere Eigenschaften hat.

Die Syndikation verschafft einen einfachen Zugang zu sehr vielen Nachrichtenquellen und somit eine deutliche Zeitersparnis. Es wird keine Instanz benötigt, sei es eine Software, ein Server oder eine Firma, die zwischen dem Anbieter der Informationen und dem Empfänger steht. Heute können UPS-Kunden den Lauf ihrer Pakete via RSS Feed nachvollziehen und die Benutzer von Googles GMail erhalten die Inhalte ihrer E-Mails via RSS."[50]

3.5.2 Asynchronous Javascript and Extensible Markup Language

Eine weitere Web 2.0 Technik ist die AJAX-Programmierung, die es ermöglicht, klassische Desktop-Anwendungen im Internet-Browser laufen zu lassen. AJAX ist nicht eine einzelne Technik, sondern vielmehr ein Konzept der Datenübertragung zwischen Server und Client, das mehrere Techniken in einer neuen Art zusammenführt. Genau genommen beinhaltet das Konzept AJAX:

- Eine standardgerechte Präsentation[51] mit Extensible Hypertext Markup Language (XHTML) und Cascading Style Sheets (CSS)

- dynamische Anzeigen und Interaktivität mittels des Document Objekt Models(DOM)

- Datenaustausch und -manipulation mit Extensible Markup Language (XML) und Extensible Stylesheet Language Transformation (XSLT)

- asynchrone Datenabfrage unter Verwendung von XML-HTTP-Request

- und schließlich JavaScript.[52]

das all dies zusammenbringt.

AJAX ist das Technikpaket, welches die Grenzen zwischen Webanwendungen und PC-Software verwischen lässt. Während die Seite bereits geladen ist, tauscht eine JavaScript-

---

[49] Wittenbrink, H. (2005), S.16.
[50] Wittenbrink, H. (2005), S.19.
[51] nach dem World Wide Web Consortium, http://www.w3.org/.
[52] Vgl. Garrett, J.J. (2005), http://www.adaptivepath.com/publications/essays/archives/000385.php.

Anwendung mit dem Server die Daten asynchron im Hintergrund aus. Bei diesen nachge-
ladenen Daten handelt es sich in der Regel um XML, das mittels JavaScript geparst und
in den XHTML-Quelltext integriert wird.[53]

Bei einer HTTP-Anfrage des Browsers muss die HTML-Seite nicht jedesmal komplett
neu geladen werden, sondern nur die angeforderten Teile sukzessive nachgeladen werden.
Deshalb ermöglicht AJAX das Volumen der Datenübertragung zu minimieren. Dies führt
zu Rich User Experience, weil der Browser die Anwendungen schnell wie auf dem Desktop
erscheinen lässt.[54] Eine bekannte Textverarbeitungsprogramm auf der Basis von AJAX
ist Writely.

4 Wikipedia im Web 2.0

4.1 Wikipedia - typisch Web 2.0

Die freie Online-Enzyklopädie Wikipedia ist der Nachfolger von Nupedia, einem geschei-
terten Lexikonprojekt. Seit 2001 können bei Wikipedia Benutzer selbst Beiträge zu frei
gewählten Themen erstellen oder bearbeiten, um enzyklopädisches Wissen kooperativ zu
erarbeiten.[55] Die Wikipedia ist heutzutage das mit Abstand größte Wiki. Alle erstellten
Wikipedia-Artikel unterstehen der GNU-FDL-Lizenz[56]. Das Wachstum von der Wikipedia
ist äußerst rasant, wie die folgende Grafik über die Entwicklung der Artikelanzahl zeigt:

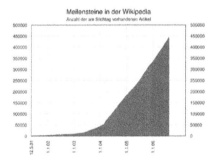

Abbildung 4: Entwicklung der Artikelanzahl bei Wikipedia

Quelle: http://de.wikipedia.org/wiki/Bild:Meilensteine.png

Immer mehr Autoren beteiligen sich am Projekt Wikipedia. Immer mehr schreiben neue
Artikel über neue Begriffe oder aktualisieren ältere Artikel. Die Qualität der Wikipediaar-

---

[53]Vgl. Braun, H. / Weber, V. (2006), S. 92.
[54]Vgl. Gamperl, J. (2006), S.10.
[55]Vgl. Ebersbach, A. / Glaser, M. / Heigl, R. (2005), S. 12.
[56]GNU Free Documentation License, ermöglicht das Benutzen der Wikipediabeiträgen, wenn die daraus
entstandenen Werke wieder unter die gleiche Lizenz gestellt werden. http://www.gnu.org/copyleft/fdl.
html

tikel verbessert sich ständig. Dies verdeutlicht das neue Erfolgskonzept im Web 2.0 bzw. in der IT-Branche, denn Wikipedia ist ein Paradebeispiel für das Schlüsselprinzip Web 2.0: Ein Dienst wird umso besser, je mehr Leute ihn nutzen.[57] Die früheren Softwarepakete rücken in den Hintergrund und die Dienste im Internet in den Vordergrund. Durch die Partizipation der Benutzer als Autoren, die Wissen teilen, wird ein Long Tail gebildet, das in seiner Gesamtheit umfassender ist als andere einzelne kommerzielle Enzyklopädien. Jeder Autor trägt ein Stück seines Wissens dazu bei eine riesige Wissensdatenbank zu erstellen, die größer ist als das Wissen jedes einzelnen. James Surowiecki schreibt in seinem Buch „Die Weisheit der Vielen" ebenfalls über diese Thematik: Er kritisiert, dass die Menschen von Natur aus dem Experten anstatt der breiten Masse eine gescheitere Lösung bei Problemen zutrauen.[58] Das Kollektiv ist oftmals schlauer als einzelne Experten. Ein neuer Beitrag zu einem Thema oder eine Verbesserung eines Beitrages, erhöht den Nutzen aller Anwender. Dieser daraus resultierende Netzwerkeffekt ist Grundstein zum Erfolg von der Wikipedia.

4.2 Vorteile und Nachteile

Die Entwicklung der Artikelanzahl zeigt den Erfolg der Wikipedia. Doch die Wikipedia hat sowohl Vorteile als auch Nachteile.

Zunächst zu den Vorteilen von Wikipedia. Die Nutzung von Wikipedia ist grundsätzlich kostenlos. Es müssen nur die Internetgebühren bezahlt werden. Es liegt immer die aktuellste Auflage mit den neusten Artikeln im WWW vor und es müssen keine Updates heruntergeladen oder eine Synchronisierung durchgeführt werden. Zudem ist Wikipedia sowohl geräte- als auch ortsunabhängig.

Viele Kritiker bemängeln die Qualität der Artikel in Wikipedia, weil sie alle vom Kollektiv geschrieben worden sind. Nach Eric Raymond ist jedoch dieses Kollektiv gerade die Stärke der Wikipedia.[59] Die Störungen sind wegen der großen Besucherfrequenz, die selbstreinigend wirkt, verhältnismäßig unbedeutend und das Kollektiv ist das wichtigste Element der Qualitätskontrolle. Ebenso hat das Kollektiv durch die Versionskontrolle die Möglichkeit, Artikel wieder zu ändern oder zu verbessern.[60]

Auf der anderen Seite hat die Wikipedia mit dem Grundsatz der Partizipation auch Nachteile. Es kann passieren, dass es auf bestimmten Gebieten Interessenlosigkeit gibt. Meist schreiben dann nur einzelne Benutzer und die anderen lesen nur. Dies kann zum einen an den Berührungsängsten mit dem Wiki liegen oder an dem Grad des wirklichen Nutzen für den Nutzer. Deshalb ist eine Kerngruppe von Autoren bzw. Administratoren wichtig.[61] Hinzu kommt die Angst vor der Selbstdarstellung von Benutzern. Durch Provokationen

---

[57]Vgl. O´Reilly, T. (2005a), http://www.oreillynet.com/pub/a/oreilly/tim/news/2005/09/30/what-is-web-20.html.

[58]Vgl. Surowiecki, J. (2004), S. 12.

[59]Vgl. Raymond, E. (2001), S. 30.

[60]Vgl. Ebersbach, A. / Glaser, M. / Heigl, R. (2005), S. 29.

[61]Vgl. Ebersbach, A. / Glaser, M. / Heigl, R. (2005), S. 28.

könnten wahre Editierkriege entstehen. Nicht immer werden die Diskussionsseiten zu den verschiedenen Themen genutzt und sich an die Verhaltensregeln der Wikiquette[62] gehalten, die Empfehlungen für den Umgang der Nutzer untereinander beinhaltet. Die Wikipedia ist ein radikales Experiment mit Vertrauen.[63] "Ich ziehe die Profis den Amateuren vor", so hat Nicolas Carr einmal seine Ansicht der Qualität der Wikipedia zum Ausdruck gebracht.[64]

4.3 Tendenzen und Folgen

Die Techniken zur Übertragung und Darstellung werden sich weiter entwickeln und somit neue Möglichkeiten schaffen. Die Anwendungen werden noch stärker miteinander verknüpft und der Datenaustausch durch verbesserte Schnittstellen optimiert. In Zukunft werden die Grenzen zwischen dem Internet und dem lokalen PC weiter verschwimmen. Dadurch wandern immer mehr Daten vom PC in das Internet. Einmal online zentral abgelegt, kann von überall darauf zugegriffen werden. Der Benutzer wird leicht zum gläsernen Benutzer in der Computerwelt. Es entstehen Benutzerprofile mit Vorlieben und Tätigkeiten im Netz. Zurecht taucht die Frage auf, ob in Zukunft noch Wert auf die Privatsphäre gelegt wird."[65] Eine Gefahr im Web 2.0 ist deshalb das Social Phishing: Kaum eine der zahlreichen Web 2.0 Anwendungen kommt ohne einen Benutzernamen und Passwort aus. Oftmals werden hier immer die gleichen Anmeldedaten der Benutzer verwendet. Es können Bewegungs-, Vorlieben- und Konsumprofile der einzelnen Benutzer entstehen, die vielen zugänglich sind.

Grundlage hierfür ist das veränderte Verhalten der Internetnutzer. Die Konvergenz der Medien in der heranwachsenden Generation löst eine Euphorie aus. Musik runter- und Bilder hochladen, „googlen" und „chatten", telefonieren über Voice over Internet Protocol (VoIP) und gleichzeitig fernsehen über Internet Protocol Television (IPTV). Der mediale Overkill wird kommen und die Seifenblasen der neuen Euphorien des Web 2.0 zerstören. Dann werden nicht mehr fast hunderttausend Amateurvideos ins WWW hochgeladen und angeschaut, aber eins wird bleiben: Die Partizipation am Internet. Die neue Generation wird versuchen die Stärken des Web 2.0 für sich zu nutzen und sich nicht von den kurzzeitigen Hypes blenden lassen.

In dem Projekt Wikipedia wurde das umgesetzt, was das WWW wirklich auszeichnet: Ein stetiger Austauch von Lesern und Autoren. Die kritische Masse an „Web Prosumenten", das eine Kombination aus Produzent und Konsument bezeichnet, ist bei Wikipedia

---

[62]http://de.wikipedia.org/wiki/Wikipedia:Wikiquette.

[63]Vgl. O´Reilly, T. (2005a), http://www.oreillynet.com/pub/a/oreilly/tim/news/2005/09/30/ what-is-web-20.html.

[64]Vgl. Carr, N. (2005), http://www.roughtype.com/archives/2005/10/the_amorality_o.php.

[65]Vgl. Kossel, A. / Kuri, J. (2006), S. 162.

erreicht. Es wurde sich auf den Grundgedanken des WWW von Tim Berners Lee besinnt. Jeder Benutzer wird zum Autor und es wird eine noch stärkere Fragmentierung auf Angebots- und Nachfragemarkt geben.[66] Wikipedia hat es vorgemacht die Stärken des WWW zu nutzen. Das Wissen von allen Benutzern wird weiter verdichtet und wieder zur Verfügung gestellt. Und Wikipedia ist noch längst nicht am Ziel. Es entstehen immer wieder neue Dienste, wie die Nachrichtenseite „Wikinews", die Datenbank für Medien mit freien Lizenzen „Wikimedia Commons", die freien Bücher „Wikibooks" oder auch veröffentlichte Gesetzestexte bei „Wikisource".

5   Fazit

Abschließend lässt sich zusammenfassen, dass die Netzwerkeffekte durch Nutzerbeteiligung der Schlüssel zu Marktdominanzen der Web 2.0 Ära sind. Es gibt eine andere junge Generation, die mit größter Selbstverständlichkeit die medialen Möglichkeiten für sich zu nutzen weiß und das geht oftmals zu Lasten der „alten" Medien wie Zeitung und TV. Die heutige Internet-Generation wird auch im Erwachsenenalter den unidirketionalen Medien ohne Gelegenheit für Kommentierung und Selbstausdruck als ungewöhnlich ansehen. Kossel von der Fachzeitschrift c´t sieht in den neuen Möglichkeiten erst den Anfang einer Weiterentwicklung des Internet. Die Verfügbarkeit schneller Breitbandverbindungen habe erst die Basis für die neuen Anwendungen geschaffen. „In Zukunft werden weniger die Techniker entscheiden, sondern die Kreativen". Die früheren technischen Hindernisse werden bereits in den Kinderjahren mitgegeben.

---

[66]Vgl. Auf dem Hövel, J. (2006), http://www.heise.de/bin/tp/issue/r4/dl-artikel2.cgi?artikelnr=22832\ &mode=print.

Literaturverzeichnis

Bücher

Berners-Lee, T. / Fischetti, M. (1999):
Der Web-Report : der Schöpfer des World Wide Webs über das grenzenlose Potential des Internets, 1.Aufl., München 1999.

Cunningham, W. / Leuf, B. (2001):
The Wiki way, 1.Aufl., Bosten 2001.

Ebersbach, A. / Glaser, M. / Heigl, R. (2005):
WikiTools - Kooperation im Web, 1. Aufl., Berlin u.a. 2005.

Gamperl, J. (2006):
AJAX: Web 2.0 in der Praxis, 1.Aufl., Bonn 2006.

Haes, J. W. H. (2003):
Netzwerkeffekte im Medien- und Kommunikationsmanagement, 1.Aufl., St.Gallen 2003.

Kelly, K. (1998):
New Rules fort the New Economy. 10 Radical Strategies for a Connected World, New York 1998.

Möller, E. (2005):
Die heimliche Medienrevolution - Wie Weblogs, Wikis und freie Software die Welt verändern, 2. Aufl., Eberbach 2006.

Raymond, E. (2001):
The Cathedral and the Bazaar, 2. Aufl., Sebastopol (CA) 1999.

Surowiecki, J. (2004):
Die Weisheit der Vielen, 1.Aufl., München 2004.

Wittenbrink, H. (2005):
Newsfeeds mit RSS und Atom, 1.Aufl., Bonn 2005.

Zerdick, A. et al. (2001):
Die Internet-Ökonomie: Strategien für die digitale Wirtschaft, 3. Aufl., Berlin 2001.

Fachzeitschriften

Braun, H. / Weber, V. (2006):
Mehr als ein Hyp - Web 2.0 im Praxiseinsatz, in: c´t 2006 Heft 14, S. 92 -94.

Kossel, A. / Kuri, J. (2006):
Überall-Software - Vom Web 2.0 zu Windows Live, in: c´t 2006 Heft 6, S. 160 - 162.

Kunze, M. (2006):
Verflochtenes Leben - Web 2.0- der nächste Schritt, in: c´t 2006 Heft, 1 S.174 - 178.

Internetquellen:

Auf dem Hövel, J. (2006):
TP: Lass das doch die Community machen, http://www.heise.de/bin/tp/issue/r4/dl-artikel2.
cgi?artikelnr=22832\&mode=print, 23.08.2006, 13:47 Uhr.

Berners-Lee, T. (1989):
The original proposal of the WWW, HTMLized, http://www.w3.org/History/1989/proposal.
html, 23.08.2006, 13:51 Uhr.

Carr, N. (2005):
The amorality of Web 2.0, http://www.roughtype.com/archives/2005/10/the_amorality_
o.php, 25.08.2006. 10:40 Uhr.

Frauenfelder, M. / Berner-Lee, T.(2004):
Technology Review: Emerging Technologies and their Impact, http://www.technologyreview.
com/read_article.aspx?id=13784\&ch=infotech, 23.08.2006, 13:59 Uhr.

Garrett, J.J. (2005):
Ajax: A New Approach to Web Applications, http://www.adaptivepath.com/publications/
essays/archives/000385.php, 24.08.2006, 10:44 Uhr.

Gartner, Inc. (2006):
Gartner's 2006 Emerging Technologies Hype Cycle Highlights Key Technology Themes,
http://www.gartner.com/it/page.jsp?id=495475, 23.08.2006, 15:16 Uhr.

Kellner, S. (2005):
Was ist eigentlich Web 2.0?, http://www.empulse.de/archives/2005/08/was_ist_eigentl_1.html, 24.08.2006, 15:45 Uhr.

O´Reilly, T. (2005a):
O'Reilly - What Is Web 2.0, http://www.oreillynet.com/pub/a/oreilly/tim/news/2005/09/30/what-is-web-20.html, 23.08.2006, 13:54 Uhr.

O'Reilly, T. (2005b):
O'Reilly Radar Web 2.0: Compact Definition?, http://radar.oreilly.com/archives/2005/10/web_20_compact_definition.html, 23.08.2006, 13:43 Uhr.

Reed, D. P.:
That Sneaky Exponential, http://www.reed.com/Papers/GFN/reedslaw.html, 23.08.2006, 15:20 Uhr.

Schroll, W. / Neef, W. (2006):
changeX:Was ist dran?, http://www.changex.de/d_a02307.html, 23.08.2006, 15:22 Uhr.

Simeonov, S. (2006):
How Can Metcalfe's Law Be Updated for Web 2.0? @ Web 2.0 Journal, http://web2.sys-con.com/read/259624.htm, 23.08.2006, 15:18 Uhr.

Anhang

Anhang I Vergleich Web 1.0 vs. Web 2.0

```
            Web 1.0                 Web 2.0
         DoubleClick      -->    Google AdSense
               Ofoto      -->    Flickr
              Akamai      -->    BitTorrent
             mp3.com      -->    Napster
    Britannica Online     -->    Wikipedia
    personal websites     -->    blogging
               evite      -->    upcoming.org and EVDB
domain name speculation   -->    search engine optimization
          page views      -->    cost per click
      screen scraping      -->    web services
          publishing       -->    participation
content management systems -->    wikis
directories (taxonomy)    -->    tagging ("folksonomy")
          stickiness      -->    syndication
```

Abbildung 5: Vergleich: Web 1.0 vs. Web 2.0

Quelle: http://www.oreillynet.com/pub/a/oreilly/tim/news/2005/09/30/what-is-web-20.html

Anhang II Web 2.0 Dimensionen

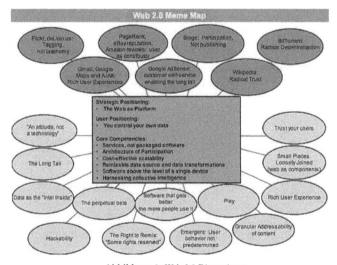

Abbildung 6: Web 2.0 Dimensionen

Quelle: http://www.oreillynet.com/pub/a/oreilly/tim/news/2005/09/30/what-is-web-20.html

www.ingramcontent.com/pod-product-compliance
Lightning Source LLC
LaVergne TN
LVHW042128070326
832902LV00037B/1459